I0815037

Ideatori: Nico e Giovanni Maria Filigheddu
Curatore: Adriano Asara
Direttore artistico: Roberto Da Pozzo
Progetto grafico: Linda Falco

Foto: Igor e Mario Firinaiu - Adriano Asara
Testo: Chiara Dal Canto con la collaborazione di Adriano Asara

Traduzioni: Eurologos Milano

DREAM POOLS

ENCHANTING POOLS OF ITALY'S EMERALD COAST

SKIRA

First published in Italy in 2014 by
Skira Editore S.p.A.
Palazzo Casati Stampa
via Torino 61
20123 Milano
Italy
www.skira.net

Printed and bound in Italy. First edition

ISBN: 978-88-572-2403-9
978-88-572-2417-6

Distributed in USA, Canada, Central & South America by Rizzoli International Publications, Inc., 300 Park Avenue South, New York, NY 10010, USA.
Distributed elsewhere in the world by Thames and Hudson Ltd., 181A High Holborn, London WC1V 7QX, United Kingdom.

Finito di stampare nel mese di aprile 2014
a cura di Skira, Ginevra-Milano
Printed in Italy

A SFIORO DAVANTI AL MARE O IMMERSA NEL VERDE, DI FORMA LIBERA O PIÙ GEOMETRICA, SPETTACOLARE O INSERITA CON DISCREZIONE NEL CONTESTO CHE LA OSPITA: LA PISCINA È ORMAI DIVENTATA PARTE INTEGRANTE DELLA PROGETTAZIONE DI UNA CASA DI VACANZE, INSEPARABILE DA QUELL'IMMAGINE UNIVERSALMENTE CONDIVISA CHE LA LEGA AL BENESSERE E AL RELAX. QUESTO VOLUME, CHE CI APRE LE PORTE DI ALCUNE TRA LE PIÙ BELLE VILLE DELLA COSTA SMERALDA, RACCOGLIE UNA SELEZIONE DI ESEMPI SIGNIFICATIVI, TRA LORO MOLTO DIVERSI SUL PIANO FORMALE E NON SOLO.

UNO SPECCHIO D'ACQUA DOLCE CHE HA COME SFONDO UNO DEI TRATTI PIÙ STRAORDINARI DELL'INTERO MEDITERRANEO IMPONE DI ESSERE DISEGNATO CON GRANDE SENSIBILITÀ, COMPETENZA DEI MATERIALI, CONOSCENZA DELLE SOLUZIONI TECNOLOGICHE PIÙ INNOVATIVE E CAPACITÀ MANUALI NON INDIFFERENTI. TUTTE LE PISCINE, QUI ILLUSTRATE DA IMMAGINI SUGGESTIVE CHE NE RIVELANO I DETTAGLI, SONO STATE REALIZZATE DALLA FILIGHEDDU COSTRUZIONI CHE OPERA DA ANNI IN QUEST'AREA CON RISULTATI BRILLANTI DI CUI IL PRECEDENTE VOLUME "VILLE DA SOGNO IN COSTA SMERALDA" AVEVA DATO AMPIA TESTIMONIANZA. ANCHE IN QUESTO SECONDO LIBRO, DEDICATO A UN TEMA PIÙ CIRCOSCRITTO, EMERGE LA CAPACITÀ DELL'IMPRESA DI ARZACHENA DI DIALOGARE CON LE RICHIESTE DEI COMMITTENTI PIÙ ESIGENTI OFFRENDO UN SERVIZIO COMPLETO, DALLA PROGETTAZIONE ALL'ESECUZIONE PIÙ ACCURATA.

SWIMMING POOLS: WHETHER THEY LOOK DIRECTLY OUT OVER THE SEA OR ARE SET IN A GARDEN, WHETHER THEY HAVE A FREE FORM OR ARE MORE GEOMETRICALLY SHAPED, WHETHER THEY ARE DESIGNED TO TAKE YOUR BREATH AWAY OR ARE A DISCREET ADDITION TO THEIR SURROUNDINGS, POOLS HAVE BECOME AN INTEGRAL COMPONENT IN THE PROJECT OF A HOLIDAY HOME AND ARE INESCAPABLY CONNECTED IN THE MIND'S EYE WITH WELLBEING AND RELAXATION. THIS VOLUME, WHICH TAKES US INTO SOME OF THE MOST BEAUTIFUL VILLAS ON THE COSTA SMERALDA, INCLUDES A SELECTION OF EXCEPTIONAL EXAMPLES OF POOLS THAT DIFFER GREATLY IN TERMS OF APPEARANCE AND IN OTHER WAYS TOO AS YOU WILL SEE. A FRESHWATER POOL SET IN ONE OF THE MOST SPECTACULAR STRETCHES OF THE WHOLE MEDITERRANEAN COASTLINE NECESSARILY REQUIRES THAT IT BE DESIGNED WITH GREAT SENSIBILITY AND WITH EXPERT KNOWLEDGE OF MATERIALS, USING BOTH THE MOST INNOVATIVE, HIGH-TECH SOLUTIONS AND CONSUMMATE CRAFTSMANSHIP. ALL THE POOLS ILLUSTRATED HERE IN BEAUTIFUL PICTURES HAVE BEEN BUILT BY FILIGHEDDU COSTRUZIONI, WHICH HAS WORKED IN THIS FIELD FOR MANY YEARS WITH SUPERB RESULTS AS CAN BE SEEN IN THE PREVIOUS VOLUME "VILLE DA SOGNO IN COSTA SMERALDA". WHILE DEVOTED TO A MORE SPECIFIC THEME, THIS SECOND BOOK REFLECTS THE SKILL WITH WHICH THE COMPANY BASED IN ARZACHENA MEETS THE DEMANDS OF ITS DISCERNING CLIENTELE, OFFERING A FULL SERVICE FROM DESIGN TO EXQUISITE EXECUTION.

UN PAESAGGIO CHE NON C'ERA

Su un terreno spoglio, privo di formazioni rocciose è nato un progetto che ha reso protagonista il granito. Con prestigiose lavorazioni esclusivamente artigianali

A LANDSCAPE THAT NEVER EXISTED TILL NOW

On land devoid of anything, even rocky formations, a project has been created that has made granite the star, processed using prestigious craftsmanship techniques

L'acqua è di ogni piscina la grande protagonista. Il colore, i riflessi, la temperatura sono elementi che contribuiscono alla percezione di estremo piacere a cui è associata. Citazione in scala ridotta dell'esperienza del mare, la piscina ne evoca gli angoli più idilliaci: le piccole baie riparate dove non ci sono onde né correnti e dove la trasparenza comunica un senso di protezione a chi vi si immerge. Ma i materiali che entrano in campo nella sua costruzione sono assai numerosi e le problematiche tecniche da affrontare decisamente complesse, per arrivare al risultato finale che rende invisibili tutti gli impianti indispensabili al suo funzionamento. Edificare una piscina in un territorio d'eccezione come quello sardo può rappresentare una sfida perché spesso ci si deve confrontare con sbalzi di quota, pendenze importanti e la presenza di massi di granito che ostacolano il lavoro e lo condizionano. Ci sono tuttavia progetti, come quello rappresentato in queste pagine, che al contrario nascono su un terreno piuttosto spoglio, fatto di terra e di macchia mediterranea, dove si richiede che venga ricreato, con un effetto di massima naturalezza, un paesaggio di rocce.

Water is the biggest star of every swimming pool. The colour, the reflected light and the temperature are elements that contribute to the perception of extreme pleasure it is associated with. Like a scaled down version of the sea, a swimming pool reminds one of its most idyllic features: the small sheltered bays where there are no waves or currents and where the clear water offers a feeling of protection for those who swim in it. But the materials that are called into play when building a pool are numerous and the technical problems to be tackled are decidedly complex, in order to arrive at the end result that makes all the systems necessary for it to function correctly invisible. Building a pool in an extraordinary setting like Sardinia may well prove to be a challenge sometimes because often one has to deal with widely differing heights, large slopes and the presence of granite rocks that can hinder the job and limit it. Nonetheless there are projects, such as the one on these pages, that are carried out on rather bare land consisting of earth and Mediterranean maquis, where a rocky landscape was required to be recreated with a totally natural effect.

L'artificio non deve essere ovviamente percepito e i massi posti in equilibrio sul profilo a sfioro della piscina (e in questo caso addirittura inclusi nella facciata dell'edificio) devono sembrare lì da sempre, mentre sono l'esito di un gran lavoro: portati qui con mezzi meccanici sono stati saldati al terreno lasciando intatto il loro aspetto. Non solo acqua dunque, ma una forte presenza della componente minerale, di quella pietra che qui viene trattata con talento artigiano. Perché in Sardegna con i soli mezzi manuali si è ancora capaci di risultati che possono essere definiti artistici. Prova eloquente è la "spiaggetta" di pietra che disegna un ampio accesso all'acqua, una piattaforma inclinata dove sdraiarsi a prendere il sole. Il granito Giallo San Giacomo, con cui è realizzata, è lavorato con la tecnica della mezza punta grossa, la più pregiata delle finiture con la quale lo scalpellino modella la pietra e la scolpisce ottenendo un risultato identico a quello del vento sugli scogli. Le altre due lavorazioni, rispettivamente a mezza punta fine e punta grossa, fanno sì che la roccia mantenga in diversi gradi la sua ruvidità. Il granito è presente in questa piscina anche in forma di bordo che segue il perimetro e ben si sposa con la pavimentazione in cotto fatto a mano, punteggiato da inserti dello stesso materiale ma smaltato nel blu di acqua e cielo.

The trick mustn't be obvious to the eye, and the rocks balanced by the pool (and in this case even included in the building's façade) must seem to have always been there, even though they are actually the result of a great deal of effort: they have been brought here by mechanical means and fixed to the ground, leaving them looking natural. So it's not only water that's the star, but there's a strong mineral component too – rock that has been treated with a craftsman's talent. Because Sardinia still has the skills to achieve results that can be called artistic by hand. Eloquent proof of this can be seen in the little stone "beach" that leads to the water, an inclined platform that is ideal for sunbathing on. The yellow San Giacomo granite it is made from is rough-hewn, the most prestigious of finishes with which the chisel shapes the stone and sculpts, with the result being an effect that is identical to the weathering of cliffs by the wind. The other two techniques, fine-hewn and very rough-hewn respectively, ensure that the granite maintains different degrees of roughness. Granite is used for the edge of the pool here, following the perimeter and perfectly in keeping with the handmade terracotta paving, dotted with inserts in the same material but glazed in water and sky blue.

La pavimentazione realizzata in piastrelle di cotto fatto a mano impreziosita da inserti nello stesso materiale color blu cobalto
The handcrafted terracotta tile paving has been embellished with inserts in cobalt blue terracotta

I massi di granito che circondano l'acqua, inserendosi con naturalezza nel paesaggio, sono frutto di un artificio. Sono stati, infatti, collocati in fase di costruzione della piscina

The granite rocks around the water blend in perfectly naturally with the surroundings, but were actually placed there when the pool was being built

Il cotto lascia spazio al granito lavorato a mezza punta che segna l'ingresso in acqua e si fonde con la pietra naturale alle sue spalle

The terracotta makes way for rough-hewn granite that marks the entrance to the water and blends in with the natural stone behind it

L'ingresso in acqua pavimentato in granito Giallo San Giacomo lavorato a mezza punta grossa

The entrance to the water with rough-hewn yellow San Giacomo granite flooring

I COLORI DEL CIELO

Uno specchio d'acqua riflettente e una serie di morbide insenature: tutto sembra creato dalla natura. È stata invece la mano dell'uomo a individuare soluzioni di alto profilo tecnico e artigianale

THE COLOURS OF THE SKY

A reflecting pool of water and a series of gentle inlets: it all looks as though it was created by nature. But it was a human hand that selected and created the high-profile technical handcrafted solutions

Il solarium è pavimentato da blocchi di pietra che seguono le curve della piscina e si raccordano sia con le rocce esistenti sia con i monoliti riportati

The solarium is paved with stone blocks that follow the curves of the pool and join up with both the existing rocks and the blocks of rock that have been brought here

Dettaglio dei monoliti riportati che circondano la piscina

A detail of the imported blocks that surround the pool

NEL CERCHIO MAGICO

Lontano dal mare, in un contesto che lascia spazio alla vegetazione e all'antico linguaggio delle pietre, il segno elegante di un intervento all'insegna della contemporaneità

IN THE MAGIC CIRCLE

Far from the sea, in a setting where plant life and the ancient language of stone reign supreme, you'll find an elegant pool specifically designed to be contemporary

Il fascino della forma circolare è antico e inalterato. Esprime un'idea di perfezione e di completezza e da sempre ha sollecitato risultati significativi nell'arte, in architettura e in molti altri ambiti. C'è un che di misterioso nel racchiudere una porzione di spazio con un gesto che comunica un senso di armonia maggiore di qualsiasi altra forma geometrica. Qui uno specchio d'acqua inscrive il suo andamento arrotondato (non si tratta esattamente di un cerchio ma di un ovale) in un paesaggio che alterna prato, alberi e pietre.
Accade ad Arzachena, ai margini dell'abitato, in un angolo di natura riservato e lontano dai rumori. Anche il mare è distante e la Gallura non più costiera diventa campagna, con grandi piante di olivastri e mirti, ligustri, fichi d'india, pitosfori e prato verde.
È come se qualcuno avesse tracciato, non osservato, questo segno forte con un grande compasso, in una radura protetta dagli sguardi indiscreti, che da un lato si allunga verso le case in pietra e dall'altra è contenuta da un muro a secco semicircolare sul quale si appoggia la vegetazione disciplinata da potature discrete. La piscina a sfioro trova il suo punto di forza proprio nella sua forma molto espressiva.

The appeal of the circle as a shape is ancient and timeless. It expresses a concept of perfection and wholeness and has always been an important part of art, architecture and many other fields. There is something mystical about enclosing an area with a sign that conveys a sense of harmony more than any other geometric form. This is a pool that inscribes its rounded mark (here not exactly a circle but an oval) in a setting that consists of meadows, trees and stone, just outside Arzachena, in a corner of nature that is private and peaceful.

The sea is far away: we're in that part of Gallura that is no longer coastal, but real countryside, with large olive trees and myrtle bushes, privets, prickly pears, cheesewoods and green meadow.

It is as if some unobserved person had used a compass to leave their mark in a clearing protected from prying eyes, that on one side extends towards the stone houses and on the other is bordered by a semi-circular dry-stone wall on which discreetly pruned plants rest.

The strength of this infinity pool is precisely because of its highly expressive shape.

Tutto vi ruota intorno, il materiale della prima fascia perimetrale e quelli dell'estesa pavimentazione che crea una zona di rispetto intorno all'acqua, con cerchi concentrici dal raggio sempre più ampio. Il bordo è in marmo di Orosei che viene sommerso quando l'acqua trabocca e raggiunge il cerchio successivo rappresentato dalla griglia del filtro. Poi, lastre di marmo di Orosei disegnano con percorsi circolari una piattaforma suddivisa in porzioni regolari da fasce di granito Giallo di Arzachena che corrono verso l'acqua. Ci si immerge scendendo alcuni brevi gradini in muratura completamente sommersi. Non ci sono corrimani né alcun altro elemento che sporga o che interrompa la distesa azzurra, resa speciale dalla sobrietà di tutte le componenti che ne fanno una piscina elegante, dal segno contemporaneo. Poco distante gli antichi stazzi, uno restaurato e uno totalmente nuovo, parlano l'antico linguaggio della pastorizia. Hanno esterni in blocchi irregolari di granito che venivano raccolti nei campi e sovrapposti per costruire edifici legati dal solo fango.

Everything happens around it, the material of the first perimeter edge and of the large paved area that creates a buffer zone around the water, with ever-wider concentric circles.
The edge is in Orosei marble that is submerged when the water laps over the edge and extends to the next circle with the filter grille. Then there are the Orosei marble slabs that trace a circular route like a platform divided into regular sections by the bands of yellow Arzachena granite that run down towards the water. You enter the pool via the few short steps in completely submerged stonework. There is no handrail or any other items protruding and obstructing the blue water, which is made even more special by the discreet components that make it an elegant, contemporary pool. Not far away are the old farmhouses, one renovated and one totally new, reflecting the area's traditional pastoral life. The exteriors are made from irregular granite rocks gathered from the fields and laid on top of each other, to build houses held together only by mud.

I gradini che scendono in acqua sono sommersi affinché
il profilo a ellissi della piscina mantenga tutta la sua purezza

The steps that lead down into the water are submerged so that
the ellipse shape of the pool maintains its clean, pure look

Il marmo della pavimentazione è interrotto da blocchi di granito disposti a raggiera. L'insieme, circondato dalla vegetazione, contribuisce ad esaltare il bacino d'acqua

The marble flooring is interrupted by blocks of granite that radiate outwards. Together with the surrounding plant life, it all helps focus attention on the pool

L'angolo riservato al barbecue, visto dall'esterno e all'interno,
è inserito con discrezione nel contesto.
Il tavolo al centro è stato ricavato da una grande radice

The barbecue area, seen from the inside and out,
discreetly blends in with the surroundings.
The central table has been made from old tree roots

Inserti in granito nel pavimento in marmo di Orosei

Granite inserts in the Orosei marble flooring

UN OSSERVATORIO SULL'ARCIPELAGO

Posizionata a un livello intermedio tra l'abitazione e il mare, una piscina dalla forma inusuale. Per immergersi godendo di una vista speciale

AN OBSERVATORY OVER THE ARCHIPELAGO
Situated halfway between the house and the sea, you will find an unusually shaped pool. Here you can take a dip while savouring the exceptional view

La pavimentazione di iroko disegna il semicerchio della piscina e lascia che i giochi dei riflessi si concentrino sull'acqua dove si specchiano alberi e cielo

The iroko flooring bordering the semi-circular pool draws the eyes towards reflections of the trees and sky in the water

Sul deck, un arredo che nonostante la provenienza esotica ben si adatta al contesto. In posizione sopraelevata, un pergolato in castagno e canne
On the deck, furniture that notwithstanding its exotic provenance fits in well with its surroundings. The raised chestnut and cane pergola

Dettaglio della pavimentazione in legno e granito

A detail of the wooden flooring with granite

LUXURY LIVING

Un paesaggio acquatico distribuito su più livelli
che include vasche di diverse dimensioni, una cascata
e un idromassaggio en plein air.
È il magnifico risultato di una sfida vinta sotto il profilo esecutivo

LUXURY LIVING

An aquatic landscape on various levels with pools
of different sizes, a waterfall and an open-air whirlpool bath.
This was a challenge that in terms of how it was executed
has proven to be a delightful success

Un insieme di grande bellezza che nasce dai monoliti naturali che danno vita alla scala e si compongono con le vasche.
A destra, vista dall'interno della grotta verso la cascata

This beautiful arrangement consists of natural monoliths that form a stairway and create the impression of a seamless border around the pools.
Right, a view inside the grotto looking towards the waterfall

L'impianto illuminotecnico consente effetti spettacolari dal tramonto alle prime luci dell'alba
The high-tech lighting systems provide spectacular effects from sunset to the first light of dawn

La vasca idromassaggio è stata realizzata sul posto adottando la tecnologia più avanzata del settore. Le due vasche offrono acqua calda e fredda. A destra, un gioco di sovrapposizione tra i livelli

The whirlpool bath was dug out in situ using the most advanced technology in the sector. The two pools contain warm and cold water. Right, the different superimposed levels

Solo l'occhio professionale riesce a distinguire gli impianti dagli elementi naturali

Only an expert eye could spot the pool systems that blend in with the natural elements

UN SOGNO A CINQUE STELLE

In un luogo a cui la natura ha regalato colori e profumi eccezionali, la presenza di una piscina di notevoli dimensioni crea una straordinaria scenografia dedicata al relax, realizzata con maestria artigianale

A FIVE STAR DREAM

In a place that nature has enriched with extraordinary colours and fragrances, the presence of a large swimming pool creates a spectacular effect for people looking to relax, thanks also to the craftsmanship that has built it

Definirla una piscina è decisamente riduttivo. Perché è molto di più, non solo per le sue ampie dimensioni e per la qualità delle prestazioni che offre, davvero eccezionali. A renderla speciale è la sua capacità di creare un nuovo paesaggio che ha modificato quello esistente senza prepotenza ma con notevole sensibilità. È riconosciuta come uno degli angoli di maggior fascino del celebre Hotel Romazzino, ha qualità scenografiche che sorprendono ed è un'irresistibile attrazione per gli ospiti. Il mare è poco distante, la spiaggia affaccia sull'ampia insenatura sabbiosa denominata Baia di Romazzino, ma cosa c'è di meglio che abbronzarsi sotto i raggi del sole, sdraiati su una comoda chaise longue, "les pieds dans l'eau"? È una piscina a sfioro il cui specchio d'acqua ha una superficie di circa 1000 mq distribuita sue due livelli. Quello più basso, di soli 15 cm, ospita una serie di sedie sdraio fisse che offrono una situazione di grande benessere. L'altra, che raggiunge i 160 cm, è dedicata a chi desidera un'immersione più profonda. La scelta di non avere skimmer intensifica il dialogo tra l'acqua e il prato tutt'intorno e fa sì che i due elementi naturali si integrino tra di loro senza barriere.

Calling it a swimming pool doesn't do it justice: it is so much more, and not just because of its size and the exceptional things it has to offer. What makes it special is its ability to create a new landscape that has altered the existing one without being overbearing, but doing so with remarkable tact. It is rightly considered one of the most beautiful corners of the famous Hotel Romazzino, and its spectacular beauty makes it an irresistible attraction for guests. The sea isn't that far away, the beach lies on a wide sandy cove called Romazzino Bay, but what could be better than catching some rays stretched out on a chaise longue, with "les pieds dans l'eau"? This is an infinity pool with a surface area of around 1,000 m^2 on two levels. The lower one, just 15 cm deep, has a series of fixed loungers for the wellbeing of guests.
The other, which reaches a depth of 160 cm, is for those who want to take a better dip. The choice not to use skimmers heightens the connection between the water and the surrounding lawn, and ensures that there are no barriers between these two natural elements.
The simplicity of its shape mustn't fool one into thinking its construction was simple: it required great skill to achieve.

Tre bacini hanno come sfondo il mare della Baia di Romazzino.
In sequenza, quello per i bambini, il secondo che offre le sdraio "pieds dans l'eau" e quello più profondo per nuotatori
Three pools with Romazzino Bay in the background.
In order, the children's pool, a second pool with "pieds dans l'eau" sun loungers and a deeper pool for swimmers

La semplicità della forma non deve ingannare circa la sua esecuzione che ha richiesto competenze specifiche.
Ogni dettaglio si rivela di grande importanza e la realizzazione di tutte le sue parti è stata eseguita in modo così accurato da contribuire in modo determinante alla riuscita del progetto.
I gradini sommersi della discesa in acqua accompagnati da un esile corrimano, la dolce andatura curvilinea che segna il punto in cui la profondità cambia, il bordo in pietra che disegna l'intero perimetro: tutto è estremamente discreto e curatissimo.
A renderla più preziosa il rivestimento in piastrelline vetrose, funzionali sotto il profilo della manutenzione.

Every detail is of the utmost importance and creating all its component parts was a painstaking task, the results of which are now for all to see. The submerged steps with a slim handrail that lead one down into the water, the gentle curve that marks the change in depth, the stone edge around the whole perimeter: everything is extremely discreet and meticulously crafted.
Making it even more precious are the vitreous tiles that are extremely practical in terms of maintenance.

Morbide curve sottolineano il passaggio tra le diverse profondità. In basso a destra, il bordo a sfioro si compone con monoliti di granito riportati
Gentle curves highlight the different depths. Lower right, the infinity edge also comprises granite blocks that have been brought here

Tra le rocce riportate si distingue quella che ricorda la testa di una tartaruga che sembra emergere dall'acqua

The rocks that have been brought here look like the head of a turtle that seems to emerge from the water

Il disegno essenziale del corrimano che accompagna l'ingresso in acqua

The understated design of the handrail that leads bathers into the water

UN ANGOLO DI PARADISO

Si affaccia su un paesaggio tra i più belli della Costa Smeralda e offre una vista che non ha paragoni. Un piccolo gioiello che sembra volersi avvicinare all'orizzonte

A CORNER OF PARADISE

Looking out over one of the most beautiful settings on the Costa Smeralda, it offers a view like no other. A small gem that seems to stretch out into the horizon

L'arrivo alla villa avviene attraverso un entroterra stretto, un tempo inaccessibile. L'Unfarru, ovvero l'Inferno, veniva chiamato questo canale roccioso prima che la Costa Smeralda rivelasse i suoi segreti per diventare luogo di vacanze esclusive.
E una volta giunti alla costruzione bisogna percorrere ancora un breve tratto prima che la vista mozzafiato si disveli in tutta la sua ampiezza. La piscina a sfioro sembra quietamente appoggiata sul prato mentre la sua posizione corrisponde con la copertura di un livello più basso utilizzato per le stanze degli ospiti. Sul lato interno lo specchio d'acqua disegna due curve sinuose, due morbide insenature che accentuano il suo naturale inserimento nel contesto. Sul lato opposto sembra voler precipitare nel mare. Non ci sono pergolati, né altri elementi che interferiscono con la vista di uno degli angoli più belli della Costa Smeralda nel quale lo sguardo si perde. L'asimmetria del disegno fa sì che l'acqua della piscina si avvicini quanto più possibile all'orizzonte, fino a confondervisi. La sua forma organica dialoga con le rocce disposte sugli estremi che hanno il ruolo di chiudere la porzione contenuta da un bordo in marmo bianco di Orosei che, alternando pietre

The villa can only be reached by narrow piece of land that was at one time inaccessible. L'Unfarru, or "Inferno", was the name of this rocky channel before the Costa Smeralda became an exclusive holiday destination.
Once you reach the villa there is still a short distance to go before the breathtaking view can be seen in all its beauty. The infinity pool seems to have been quietly placed on the lawn, its position corresponding with the roof of a lower level used for the guests' rooms.
On the inside the pool traces two sinuous curves, with two gentle bays that emphasise how it fits in with its surroundings. On the opposite side it looks like it is directly joined to the sea. There are no trellises or any other elements to interfere with the infinite view over one of the most beautiful corners of the Costa Smeralda. The asymmetrical design ensures that the pool's water gets as close to the horizon as it possibly can, until one can no longer tell where the water ends and horizon begins. Its organic shape creates a connection with the rocks placed on either end whose role it is to close off the edge section in Orosei white marble, which alternating regular stones in different sizes,

Le curve della piscina e il prato si compongono con grande armonia anche cromatica

The curves of the pool and the lawn are very harmonious, in terms of colour too

L’appoggio delle rocce riportate sul bordo della piscina

Rocks balanced on the edge of the pool

ARMONIA D'ACQUA E DI PIETRA

All'equilibrio degli ingredienti che compongono il progetto se ne aggiunge uno imprescindibile: la mano dell'uomo che possiede l'insostituibile sapere artigiano

WATER AND STONE IN HARMONY

Behind the balance of components in the project lies one essential factor: the skilled hand of the man who has the unique knowledge of craftsmanship

Usi diversi delle pietre: marmo screziato sott'acqua e lastre irregolari all'esterno che seguono le curve del bordo

Different uses for stone: striated marble under water and irregular slabs on the outside that follow the curves of the edge

Le forme irregolari del granito e del marmo

The irregular shapes of the granite and marble

UN LIVING ALL'ARIA APERTA

Una pavimentazione di teak disegna, intorno alla piscina, ampi spazi riservati alla conversazione o al riposo assoluto. Da godere quando il vento di ponente soffia forte sul mare

AN OUTDOORS LIVING ROOM

The teak flooring around the pool forms a large area for conversation or total relaxation.
To be enjoyed when a strong westerly wind blows in off the sea

Una composizione straordinaria di elementi naturali, acqua, legno e rocce di dimensioni diverse, che la costruzione della piscina ha saputo rispettare

An extraordinary composition of natural elements: water, wood and different sized rocks, all given their due respect when the pool was built

L’ingresso in acqua tutto sommerso. Per i bagni notturni gradini e vasca vengono illuminati

The submerged steps leading into the pool. The steps and pool are lit for swimming at night

Rocce affioranti valorizzate con arte dalla pavimentazione in teak

Rocks artistically emerging through the teak flooring

PROFONDO BLU

È il colore che distingue le acque di una piscina il cui profilo irregolare nasce dalla volontà di non abbattere un albero di ginepro che ora gioca un ruolo da protagonista

DEEP BLUE

This is the colour of the water of a pool whose irregular outline is dictated by the decision not to pull down a juniper tree, which now plays a leading role

Acqua, pietra e vegetazione sono i tre elementi naturali che il territorio sardo offre a chi svolge un lavoro di progettazione.
Ed è moltissimo perché tutt'e tre le componenti si distinguono per un carattere di assoluta unicità. È una terra, quella gallurese, che richiede, a chi si accinge a costruire, la sensibilità di "sentire" il paesaggio e la capacità di stabilire un rapporto di rispetto con la natura.
La vista sul mare, la presenza di formazioni rocciose che non hanno uguali e una macchia mediterranea di grande significato sono ingredienti a partire dai quali una residenza di vacanza definisce il suo affaccio, i suoi percorsi e i materiali con i quali viene edificata.
La collocazione della piscina è stata in questo caso dettata dai dislivelli naturali del luogo e pochi gradini la separano dalla costruzione, seminascosta dalla folta chioma di olivastri e phillyrea potati in modo da non ostacolare la vista sul mare.
Ma è stato un esemplare di ginepro a determinarne la forma. Poiché non lo si voleva né spostare né tantomeno abbattere, si è deciso di includerlo nel progetto come elemento importante.

Water, stone and plant life are the three natural elements that Sardinia proffers to those who undertake construction work. Which is enough in itself as each one of the three is totally unique in its own way. For those who wish to build here, the land of Gallura requires the sensitivity to listen to the land and the ability to establish a relationship with nature that is respectful.
The sea view, the presence of rock formations like no others in the world, and a highly significant Mediterranean maquis setting are the starting ingredients for a holiday home in terms of its prospect, its paths and the materials it will be built from.
The location of the pool in this case was dictated by naturally different levels in the surroundings, and the few steps that separate it from the house, semi-concealed in a thick mass of olive trees and phillyrea pruned so as not to obstruct the view over the sea.
But it was a juniper tree that would decide the pool's shape. As no one wanted to move it, let alone pull it down, it was decided to include it as an important element of the project.

La piscina sembra dunque doversi fare spazio in un terreno non privo di ostacoli e per questo si protende con due bracci che disegnano una sorta di Y, cercando così di superare i limiti che incontra sul suo percorso. L'andamento è decisamente irregolare con un profilo a zig-zag che diventa più lineare sul fronte mare dove l'acqua cade nel canale destinato alla raccolta. Tutt'intorno il pavimento è rivestito di piastrelle di cotto fatte a mano e posate in diagonale, mentre disposte linearmente disegnano il perimetro della piscina. Ampie zone destinate a solarium oppure ombreggiate dalla folta vegetazione si dispongono tutt'intorno, consentendo indimenticabili momenti di relax.
I gradini delle scale che dalla casa scendono verso l'acqua, sono anch'essi in cotto bordato da fasce di legno. La colorazione della terracotta del pavimento ha in comune con il granito locale le tonalità rosate che si scaldano alla luce del tramonto: una scelta che risponde al desiderio di sintonizzarsi con il luogo, così come locali sono le essenze utilizzate anche all'interno e all'esterno dell'abitazione. Unica nota che si distingue, voluta intensamente dal padrone di casa, è il blu intenso con il quale è stato dipinto l'intonaco della vasca.
Una scelta che tende a sottolineare la sua forma inusuale e che offre l'illusione di un bagno in acque profonde.

The pool therefore looks as though it has had to concede space in a setting that has no shortage of obstacles, which is why it extends with two branches in a kind of Y shape, thereby overcoming the hindrance that it has met on the way. The zigzag outline is decidedly irregular, becoming more linear on the side closest to the sea where the water flows into the drainage channel. All around the pool the flooring is covered with handmade terracotta tiles laid diagonally, while the ones around the perimeter of the pool have been laid in a linear fashion. There is a large space devoted to the solarium and areas shaded by lush vegetation all around, meaning anyone who spends time here will have no shortage of opportunity to relax. The steps that lead from the house down to the water are also in terracotta edged with wooden strips. The colour of the terracotta has the pink tones of local granite that become warmer at sunset: this is a choice that meets the wish to be in harmony with the place, and in a similar way the plants around the inside and outside of the house are local. The one distinguishing note, which the owner of the house was very keen to have, is the deep blue of the plasterwork inside the swimming pool. This decision emphasizes the unusual shape of the pool somewhat and gives people the illusion that they are swimming in deep water.

Un senso di eleganza semplice deriva dall'uso del cotto per la pavimentazione. Tutt'intorno alberi del luogo: ginepro, phillyrea e olivastro

A sense of simple elegance derives from the use of terracotta for the flooring. Native trees are all around: juniper, phillyrea and wild olive

È una bellezza importante quella dell'albero di ginepro la cui presenza ha determinato il disegno della piscina

The strikingly beautiful juniper tree was the determining factor for the pool's design

A PRECIPIZIO SUL MARE

Un tempo era un luogo disabitato, sorvolato soltanto dagli uccelli.
Oggi è lo scenario di vacanze eccezionali alle quali la presenza della piscina superpanoramica regala momenti speciali

ON A CLIFF OVER THE SEA

At one time it was uninhabited and a place that only birds flew over.
Today it is a setting for exceptional holidays whose special moments are made even more special by the wonderful panoramic pool

Costruire richiede un atto di responsabilità. E lo richiede ovunque, perché l'ambiente è un patrimonio comune e condiviso, al di là delle singole proprietà. Edificare in alcuni luoghi sembra esigere una superiore dose di rispetto perché se ne avverte l'eccezionalità. Un tempo tra le rocce della Gallura vivevano prevalentemente solo gli animali e chi ne godeva la vista erano gli uccelli che le sorvolavano. Non erano terreni buoni per la pastorizia e la pesca non era un'attività sviluppata. Così la costa ha conservato per lunghi secoli il suo splendido isolamento fino a quando l'uomo ha deciso di abitarla, rendendo accessibili angoli fino ad allora inesplorati.
È il caso di questa casa di vacanze che, prospiciente il mare, davanti a uno strapiombo naturale, accanto a massi di grande imponenza, vede nelle belle giornate il profilo della Corsica stagliarsi all'orizzonte. La sua superficie è contenuta (non più di 60 mq) e lascia posto a una piscina superpanoramica, mossa da un paio di anse sul lato interno, sottolineate da un bordo di granito realizzato a mano.

Building is an act of responsibility in every stage at all times, because our environment is a part of our heritage that we all share and does not concern individual property.
Building in certain places seems to demand a larger dose of respect, especially when you can see how exceptional the result is. Once upon a time the rocks in Gallura were mostly the domain of animals, and the only ones to enjoy the view were the birds flying overhead. It wasn't good land for pasture and fishing hadn't yet developed. So for many centuries the coast lived in splendid isolation until man decided to move in, making areas accessible that until then had never been explored.
This is the case of this holiday home that looks out over the sea from a cliff top, beside large masses of rock. On clear days one can see the outline of Corsica loom on the horizon. It is small (not more than 60 m^2) but with room for a super-panoramic swimming pool, which gives the sensation of movement thanks to two inward curves, emphasised by a handcrafted granite edge.

La giornata si svolge interamente all'aria aperta e l'abitazione è poco più di un appoggio, un capanno che offre sotto il suo tetto spiovente una fascia d'ombra. Il resto è sole e vento, non diversamente dalla sensazione che si prova sulla coperta di un'imbarcazione mentre questa solca il mare. La piscina segue e accompagna le differenti quote del terreno e lascia in vista la porzione a sfioro e, più in basso, la griglia in legno che raccoglie l'acqua. Appoggiata sul solaio di un livello sottostante che ospita locali tecnici, si sporge verso il mare sfruttando al massimo il terreno a sua disposizione e del mare imita il colore con la tonalità azzurrata del suo intonaco.
La semplicità del suo disegno nasce in un contesto dove la natura è padrona assoluta e a qualsiasi manufatto sono richieste l'eleganza e la leggerezza di una voce sottotono. Così anche le due ringhiere, che incorniciano lo sguardo verso la costa, sono state realizzate artigianalmente con un decoro sottile che evoca i rami di un arbusto.

Every day is spent outdoors and the building is not much more than somewhere to rest, a barn that offers shade under its sloping roof. Everything else is sun and wind, no different from the feeling you have on the deck of a boat as it sails the seas.
The pool follows and accompanies the different heights of the land and leaves the portion where the water laps over in view, and lower down, the wooden drainage grille. Set on top of a level that houses the machinery rooms underneath, it points out towards the sea making the most out of the surroundings available to it and it imitates the blue of the sea with the light blue shades of its plasterwork.
The simplicity of its design comes from a setting where nature reigns supreme and that requires any item made by man to be elegant, light and discreet. The two railings that frame the view towards the coastline have also been made using the highest craftsmanship with a subtle decoration that recalls the branches of a shrub.

Quando si accendono le luci prima della notte,
nell'atmosfera magica risalta la maestosità delle rocce

When the first lights of the evening come on,
the magical mood makes the rocks seem even more majestic

La collocazione eccezionale della piscina che si sporge verso il mare, senza ostacoli per lo sguardo
The pool's wonderful setting, as it reaches out towards the sea with an unimpeded view

Un affaccio straordinario a tutte le ore, in pieno giorno e al calar della sera

An extraordinary view at any time of the day, be it midday or sundown

Vista ravvicinata sul bordo a sfioro

A close up of the edge of the infinity pool

LA VOCE DEL MARE

Si avverte fin dalla piscina d'acqua salata riscaldata, a pochi passi dalla costa. Un progetto avanzato che regala bagni fuori stagione

THE VOICE OF THE SEA

You can hear it in this heated saltwater swimming pool just a stone's throw from the coast. A high-tech project for swimming on cooler days

Pavimentazione in granito San Giacomo lavorato a mezza punta

Rough-hewn San Giacomo granite flooring

Progettisti/Designers:

FILIGHEDDU COSTRUZIONI Srl
Località Abbiadori, 54
07020 Porto Cervo - Arzachena (OT)
tel./fax 0789/96324 - 96649
e-mail: info@filigheddu.net
www.filigheddu.net

Pietro Filigheddu
presidente onorario
cell. 348/4001973
e-mail: fcostruzioni@tiscali.it

Giovanni Maria Filigheddu
responsabile amministrativo e commerciale
cell. 348/4001970
e-mail: info@filigheddu.net

Nico Filigheddu
responsabile tecnico artistico del Gruppo Filigheddu
cell. 348/4001976
e-mail: nico@filigheddu.net

Adriano Asara
responsabile ufficio tecnico e relazioni esterne
cell. 348/4001971
e-mail: adriano@filigheddu.net